El método de criar hijas fuertes, bondadosas y empáticas no se adquiere cuando nacen, pero afortunadamente, para mí, sí adquirí amistades que me ayudarían lograr esa meta.

Un gran agradecimiento a Ariane y Souad, dos mamas quienes vieron la belleza e importancia de darles a tres niñas de razas y culturas diversas, la libertad de crear, jugar, pelear y amarse como amigas.

Gracias a mis amigas escritoras Louisa y Marcie, quienes aprovechan toda oportunidad. ¡Gran agradecimiento a Alyssa, Reham y Danielle, quienes proveyeron muchas risas y aventuras – y aún lo hacen! Le debo una gran deuda a Hayley Moore, una gran ilustradora quien es divertida, paciente y, como colaboradora, es muy empática.

**Revuélquense en el lodo y DISFRUTEN!**

Copyright © 2020 por Hollee Freeman

Todos los derechos reservados. Este libro o cualquier parte del mismo no se puede reproducir ni utilizar. de cualquier manera sin el permiso expreso por escrito del editor excepto por el uso de breves citas en la reseña de un libro.

Primera impresión, 2020

ISBN 978-164921310-5 (tapa blanda)

# BAILARINAS
## Enlodadas

**AUTORA**
Hollee Freeman

**TRADUCTORA**
Louisa Cruz-Acosta

**ILUSTRADORA**
Hayley Moore

Danielle, Reham y Alyssa crearon un gran plan en la escuela.

Estaban muy excitadas para compartirlo con sus mamas.

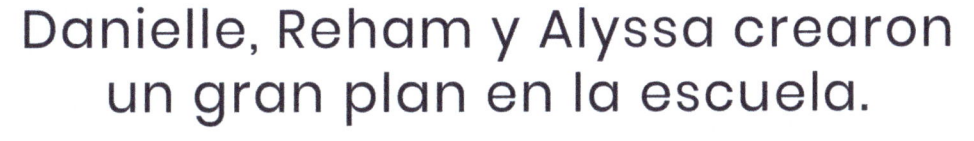

"¡Alyssa, Reham y Yo queremos ser bailarinas en la escuela mañana!

¡Nos encanta ser bailarinas! ¡Vamos a dar vueltas y caminar a punta pié todo el día!"

"Mmm... mañana ustedes tienen clase de balet después de la escuela.

Bueno, suena muy divertido. Vamos a ver qué se puede hacer."

"¿Mama, puedes ayudarme a encontrar mis guantes lujosos y mi leotardo?"

"Estoy ansiosa por ponerme mi corona brillante."

"¡A mi me encanta como se mueve mi falda de bailarina cuando doy vueltas!"

"¡Somos bailarinas y estamos construyendo la torre más alta del mundo!"

"¿Listas niñas?"

"¿Podemos deslizarnos una vez más? ¡Nos gusta ir muy rápido!"

"Como no, tienen unos momentos antes que empiece la clase de baile."

"¡O! ¡Estoy cubierta de lodo, pero esa caída fue TAN divertida!"

"¡Vamos a hacer tortas de lodo!"

"¡Que tengan una gran clase de baile, bailarinas enlodadas!"

"Así lo haremos.
¡Somos las bailarinas enlodadas!"

www.ingramcontent.com/pod-product-compliance
Lightning Source LLC
LaVergne TN
LVHW072114060526
838200LV00061B/4889